DISCOURS

SUR

LA PUISSANCE ET LA RUINE

DE LA RÉPUBLIQUE

DE VENISE.

(Lu à l'Institut)

Par Édouard ALLETZ.

PARIS

LIBRAIRIE DE PARENT-DESBARRES,

RUE DE BUSSY, 12.

1842.

DISCOURS

SUR

LA PUISSANCE ET LA RUINE

DE LA RÉPUBLIQUE

DE VENISE.

(Lu à l'Institut)

Par Édouard ALLETZ.

—⸎—

PARIS,

LIBRAIRIE DE PARENT-DESBARRES,
RUE DE BUSSY, 12.

1842.

IMPRIMERIE DE H. FOURNIER ET Cᵉ,
7 RUE SAINT-BENOIT.

DISCOURS

SUR

LA PUISSANCE ET LA RUINE

DE LA RÉPUBLIQUE

DE VENISE.

La Vénétie était une province italienne, située au bord
de la mer Adriatique, entre le Pô et les Alpes juliennes.
L'origine des habitants de ce territoire, du temps même des
Romains, se cachait dans la nuit des temps. Lorsque, dans
le v⁰ siècle, Attila, roi des Huns, envahit cette belle con-
trée, les Vénètes fugitifs abandonnèrent les villes d'Aquilée, de Concordia, d'Altino et de Padoue, et cherchèrent
asile sur les îlots formés dans le golfe Adriatique par une
multitude de courants venus des montagnes : ils s'y bâtirent
des habitations, se donnèrent des lois, et vécurent de

la pêche et du commerce. Telle est l'origine de la ville et république de Venise. La durée d'un siècle suffit à ses habitants pour devenir un peuple aisé, industrieux et redoutable à ses voisins. Venise, bornée au midi par le Pô et Ravennes, du côté de l'orient regardait l'Adriatique. Ses maisons, pareilles à des nids d'oiseaux de mer, reposaient sur des îles coupées par des canaux. La verdure y était inconnue; on n'y voyait d'autre mouvement que celui des barques sillonnant les lagunes; et ce mouvement était sans bruit. Déjà le silence qui régnait dans Venise préparait au mystère qu'elle mit plus tard dans sa politique.

Les Vénitiens fournissaient alors des navires au roi des Ostrogoths pour approvisionner Ravennes de vin et d'huile. Leur ville devint l'entrepôt naturel du commerce entre l'Italie septentrionale et les ports de la Méditerranée. Placés à l'embouchure du Pô et de l'Adige, ils s'étaient assuré la libre navigation sur ces fleuves, et communiquaient vite et à peu de frais avec le nord de l'Italie, la Hongrie et l'Allemagne. Ils durent une grande partie de leur puissance à cette franchise de navigation sur toutes les rivières, telles que le Lizonza, la Livenza, la Piave, le Musone, laBrenta, qui courent vers le golfe et se rassemblent autour de l'Adige et du Pô, vers l'endroit où ces deux fleuves se jettent dans la mer. La liberté dont ils jouissaient, au milieu de leurs lagunes, pendant que l'Italie était en feu, leur donna le temps d'amasser des forces pour se défendre. Mais ce qui assurait leur indépendance faisait aussi, dans le principe, leur extrême pauvreté. Isolés au milieu des flots, éloignés de toutes villes, privés de secours et n'ayant pour subsister que le produit de leurs filets, il leur fallut un prodigieux effort pour vaincre leur misère et arracher le nécessaire. Mais la fortune souffre violence, et la nécessité incite l'esprit

et le courage. Les pêcheurs des lagunes manquant de blé, de
bois, de pierres et d'eau douce, choses de première nécessité
à une société humaine, sentirent le besoin de se créer un
moyen d'échange : ils le trouvèrent dans le sel. Leur génie
s'appliqua tout entier à l'extraire. Maîtres consommés dans
ce procédé, ils ne se bornèrent pas à tirer le sel de leurs
côtes, ils se firent peu à peu propriétaires ou fermiers
de toutes les salines qu'ils trouvèrent de proche en proche,
jusqu'à ce qu'ils eussent entre leurs seules mains la fabri-
cation et le commerce du sel de Cervia, de la Dalmatie,
de la Sicile, de Corfou, et même des rivages de l'Afrique
et de la mer Noire. C'est ainsi qu'ils se rendirent la mer
familière, et se firent, sur ses ondes, comme une autre
patrie. Leurs perpétuelles visites à tant de nations diverses
policèrent bientôt leurs mœurs, et leur apprirent de bonne
heure à comparer les choses. Profitant de ce qu'ils trouvaient chez chaque peuple, ils n'eurent pas de peine à se
rendre plus habiles et plus opulents que tous. L'avance
qu'ils avaient sur le reste de l'Europe, retenue dans l'igno-
rance par d'effroyables guerres, les menait rapidement à
la puissance. La cupidité était leur passion, la richesse leur
but, leurs lois un ensemble de règlements favorables à
leur négoce et à leur marine, leur société un corps mu
et réglé pour un seul intérêt. Chez le particulier, comme
dans l'État, tout allait donc de concert : ni le temps ni les
occasions ne leur échappaient, et ils tiraient bénéfice de
l'imprudence des autres. En certaines conjonctures, où
leur avarice et leur religion étaient aux prises, cette dernière ne prévalait pas toujours : il était peu de scrupule
qui les arrêtât au prix d'une espérance de gain. C'est ainsi
qu'ils ne rougissaient pas de faire, au nom de Mahomet,
leurs traités avec les musulmans, et de se livrer au com-

merce d'esclaves chrétiens avec les infidèles, au mépris des lois et défenses de l'Église. Ils fabriquèrent eux-mêmes les armes dont se servaient tous les mahométans des côtes de la Méditerranée, et allèrent jusqu'à donner des visirs aux princes musulmans, qui acceptèrent des citoyens de Venise pour diriger leurs conseils.

Ayant vu de bonne heure qu'il fallait à tout prix attirer à Venise des bras et des capitaux, ils avaient établi certaines conditions sous lesquelles l'étranger acquérait les droits de citoyen. La souveraineté qui suivait ce titre, et l'appât de la fortune, devaient tenter nombre de gens. Aussi tout ce qu'il y avait d'hommes ambitieux et entreprenants en Europe grossissait volontiers la population de Venise. Ce moyen de s'incorporer les étrangers fut perdu dès que le gouvernement tourna en aristocratie ; mais il avait cessé d'être nécessaire.

La république prenait ses matelots dans les îles, et ses soldats dans la Dalmatie. Elle entretenait en outre une armée de stipendiaires. Par le soin qu'elle avait eu de créer aux marins, aux Dalmates et aux mercenaires des intérêts opposés, elle les contenait les uns par les autres. Ainsi elle profitait de leurs services, sans qu'ils pussent s'entr'aider contre l'État.

Le génie de Venise, incessamment appliqué à accroître la richesse de ses particuliers, découvrit un jour ce système qui substitue le papier à la monnaie, et fait de la confiance entre les commerçants un supplément de richesse. La première banque de l'Europe fut celle de Venise. On vit, non sans admiration, disparaître, pour le commerce, les frais de transport d'un pesant métal, la facilité d'emprunter, partout offerte au travail, et une promesse écrite représenter de l'or. Pour mieux affermir le crédit de leur banque, les Vénitiens firent une loi qui exempta de saisie et d'hypothèque tous les titres qu'elle avait émis. La monnaie dont cette banque usa pour payer ses créances fut d'un plus fin aloi que l'argent courant, et elle acquitta fidèlement, au jour de l'échéance, les dettes mutuelles des particuliers.

Dans la crainte que le commerce de terre ne prévalût sur le maritime, il fut interdit aux sujets de la république d'exporter eux-mêmes leurs marchandises au-delà des Alpes. Les écueils qu'ils trouvaient au sortir de leur port, et l'agitation souvent périlleuse de l'Adriatique, les rendirent tous marins, nourrirent leur courage et firent la sûreté de leur ville déjà inaccessible par terre. Forcés dans leur pauvreté première à vivre de pêche, à chercher assez loin les objets de première nécessité et à faire la main-d'œuvre pour le compte d'autrui, ils s'étaient exercés aux constructions navales dont le bois leur était fourni par les côtes de l'Adriatique, et l'usage qu'ils firent, pour les combats sur mer, des grands vaisseaux, les aida beaucoup à triompher, à la longue, des Génois, durant une lutte acharnée qui dura plusieurs siècles, comme aussi à résister à l'empire ottoman. Ayant l'œil sur tout procédé qui valait la peine d'être imité, ils s'aperçurent que les navires bayonnais l'emportaient sur les leurs par certaines qualités jusqu'alors ignorées : eux de couper aussitôt leurs bâtiments sur ce modèle. L'architecture navale des Grecs leur fut aussi une leçon : à peine établis en Orient, ils mirent cette conquête au rang des plus considérables qu'ils y pussent faire. La réputation de leur supériorité dans la construction des vaisseaux survécut à la décadence de leur commerce; car ce fut leur ville que, vers la fin du dix-septième siècle, Pierre-le-Grand donna pour école à ses jeunes officiers.

Pour montrer que la vraie force de la nation était la marine, et qu'un navire est le pays de ceux qui le montent, les Vénitiens ne transmirent jamais à aucun étranger la direction suprême de leurs flottes ; agissant ainsi au rebours de ce qu'ils avaient accoutumé de faire pour le commandement de leurs armées de terre. L'arsenal de Venise, qui était aux jours de leur puissance un établissement célèbre parmi les nations, offrait une belle image de l'honneur où ils tenaient la marine. Assez vaste pour enfermer trois bassins où étaient admis tous les vaisseaux, il occupait seul seize mille ouvriers et trente-six mille marins. Cet arsenal était placé sous la surveillance du doge et dirigé par des magistrats responsables de son approvisionnement comme de sa splendeur. Les ouvriers qu'on y employait jouissaient de grands priviléges; leurs femmes et leurs enfants étaient entretenus aux frais de l'État, et leur fidélité regardée comme l'une des sûretés de la république. Là se trouvaient de prodigieux magasins de voiles, de câbles, de bois, d'armes et matériaux de toute espèce. La direction de chacun des métiers qui conviennent à l'équipement d'une flotte était une magistrature presque toujours héréditaire. Des prix étaient institués pour récompenser ceux qui se distinguaient dans quelqu'une des professions qui relèvent de la marine ; et tout mérite qui y faisait éclat obtenait une pension pour le reste de sa vie. L'émulation était tenue en haleine dans les divers corps de métiers qui remplissaient la ville, et pour leur faire mettre à grand honneur l'habileté en mer, on leur laissait désigner entre eux les hommes qui devaient être exercés par l'état à faire manœuvrer les galères. Ainsi se formait une bonne réserve de mer, dont la force ne montait pas à moins de dix mille hommes. Cet enrôlement dans la milice navale courait entre les jeunes gens de seize ans et les hommes de cinquante. Tous les ans étaient célébrées dans le golfe, sous les

yeux d'une foule immense, des joûtes solennelles où les ar-
tisans disputaient de vigueur et d'industrie dans la manœu-
vre des galères. Les nobles eux-mêmes ne refusaient pas de
prendre part à ces amusements qui tournaient à la sûreté
et à la puissance de la république. Toutes choses étaient si
bien ramenées vers cette fin, que le crime lui-même donnait quelque chose à la défense de l'État. Son châtiment était
un travail forcé à bord d'une galère. Le condamné malade
était soigné à ses propres dépens, et au moment où il aurait dû être mis en liberté, il payait les frais de médecins
par une prolongation de peine.

C'était peu pour les Vénitiens d'aller chercher au loin les
matières que confectionnent les arts, ils les travaillaient
eux-mêmes. Venise était une vaste manufacture où se trouvaient réunis les meilleurs ouvriers du monde, qui n'auraient trouvé nulle part un si haut salaire. Le gouvernement
ne craignit pas de louer à des particuliers les bâtiments de
l'État. C'était faire servir au commerce la marine militaire,
montrer le pavillon de la république dans tous les parages,
et fournir aux jeunes patriciens les moyens de se familia-
riser avec la mer. Ces vaisseaux étaient réunis en plusieurs
escadres qui se dirigeaient vers les grands centres du commerce de l'univers, et dans des voyages qui duraient souvent plus d'une année, faisaient des échanges tout le long
de la route, et revenaient chargés de richesses.

Telle était l'extrême jalousie des Vénitiens pour le bon état
de leurs vaisseaux, qu'ils avaient construit, près de l'arsenal, de vastes abris sous lesquels les bâtiments se trouvaient
garantis de la pluie et du soleil. Pour forcer les riches à con-
tribuer aux dépenses de la marine, on avait établi que chaque galère serait armée et munie aux dépens de celui qui
devait y commander. Cet usage, plus vieux que l'autorité des

nobles, avait eu cette double fin de sembler respecter l'éga-
ité, tout en poussant les riches aux honneurs, et de se servir
de ces honneurs pour soulager le trésor de la cité. A l'exemple de certaines républiques de l'antiquité qui punissaient
leurs généraux de se laisser trahir en guerre par la fortune,
les Vénitiens avaient fait les plus sévères lois contre tout
capitaine sous le commandement duquel périssait un bâti-
ment de l'état. Il y avait tel gros navire de guerre dont le
capitaine devait s'engager, par serment, à tenir tête contre
vingt-cinq galères ennemies. Ainsi, en ne faisant qu'obéir.
on était forcé à l'héroïsme; et de loin , avant vous, les lois
étaient fières et intrépides.

Les travaux de ce peuple pour vider ses bassins et ses
ports, du sable qu'y roulent incessamment tant de fleuves
impétueux, ne cèdent en rien aux plus beaux ouvrages des
Romains. Venise tout entière est comme un grand navire
perpétuellement menacé d'avaries par la grosse mer. Enfer-
més dans leur port, ses citoyens étaient obligés de lutter
contre les vents et la tempête. Tantôt il leur fallait détour-
ner les rivières de leur lit, tantôt revêtir de pierres et de
briques les passes des lagunes, afin de les sauver des ébou-
lements , tantôt combler de leurs propres mains tels pas-
sages, pour réserver à tels autres un tirant d'eau plus com-
mode. Ces soins rendaient leur industrie inventive, et ne
laissaient pas leur courage mollir dans la paix.

Venise épiait avec trop d'inquiétude toutes les inventions
nouvelles qui intéressaient le commerce, la marine et la
guerre, pour ne pas devancer la plupart des autres peuples
de l'Europe dans l'usage de la poudre à canon. A peine cette
découverte fut-elle connue en Europe , que leurs vaisseaux
accommodés pour ce terrible armement, portèrent la foudre
dans leurs flancs. Les Vénitieus eurent promptement des

galères de quinze et vingt canons, et firent avec succès,
contre les Turcs, l'apprentissage de l'artillerie navale.

Divisée par de terribles factions, la république aurait péri
des mains de ses propres citoyens si, d'une part, de fré-
quentes guerres n'eussent interrompu les inimitiés, et que
de l'autre le commerce n'eût alimenté la passion des richesses, dans laquelle vinrent se perdre ou s'amortir toutes
les autres. A mesure que s'étendait le négoce et que s'ac-
croissaient les fortunes particulières, les discordes deve-
naient moins dangereuses ; on avait moins de temps pour se
haïr et cabaler. On avait assez à faire de se procurer des
ports sur les fleuves, de conquérir ou d'acheter des priviléges sur les côtes voisines, de se procurer des sûretés pour
la navigation, de toujours surveiller ses rivaux et souvent de
les combattre, enfin de se ménager entre les deux grands
empires d'Orient et d'Occident.

Les Vénitiens comprirent de bonne heure qu'un État est
d'autant plus propre à faire la guerre, que l'autorité s'y
trouve moins divisée. Les îles de Venise naissante étaient
gouvernées par des magistrats qui relevaient de l'assemblée
générale de la nation. Vers la fin du septième siècle, la
liberté particulière fut sacrifiée à la sûreté et à la puissance
de la communauté. On concentra le pouvoir aux mains d'un
doge à qui on donna presque tous les attributs d'un roi.
Elu par le peuple, chargé seul du gouvernement, il nommait
les magistrats, constituait les juges, décidait de la paix et
de la guerre, et convoquait, dans les graves occasions, l'assemblée populaire. Les premiers doges se montrèrent
dignes, pour la plupart, du sacrifice qu'on avait fait de la
liberté à leur grandeur. Ils gouvernèrent avec sagesse, et
poussèrent en avant les destinées de leur pays. Une démocratie qui abdique le pouvoir, le fait presque toujours au

profit de ses plus grands hommes. Ce fut donc un avantage
à l'état de Venise d'avoir commencé par la démocratie. Les
choix de ses magistrats en devinrent meilleurs. Le principe
électif fut redevable à cette circonstance, de longtemps prévaloir dans toutes les charges publiques. Ceux qui tenaient
en mains le gouvernement ne purent oublier l'origine de
leur autorité. D'ailleurs le peuple se chargea par de terribles
exemples de ne pas leur en laisser perdre la mémoire. Cette
sombre et menaçante jalousie qui exista, durant tant de
siècles, entre les différents pouvoirs de l'Etat, était un reste
et un effet de la liberté première. Quelque puissant qu'on
fût, on sentait que l'autorité était quelque chose d'instable;
tremblant de déchoir, chacun se gardait contre l'ambition et
l'inimitié des autres; surveillé par eux, il tâchait à son tour
de les prendre en défaut. Ce besoin perpétuel de circonspec-
tion, pour ne pas donner prise à la haine, était cause que,
du petit au grand, nul magistrat ne s'endormait. Comme il
y allait souvent de l'honneur, de la liberté, même de la vie,
on n'avait rien de mieux à faire que de s'abriter dans les
grands services qu'on rendait à l'Etat. Les choses se trouvaient donc poussées de telle sorte que les chefs de la
république trouvaient leur sûreté dans sa gloire. Ainsi les
mœurs de la démocratie subsistaient encore chez les patriciens de Venise, après l'établissement de l'aristocratie
légale. Ce corps redoutable formait comme une autre république au sein de la première, et si quelque chose pouvait
consoler le bas peuple de la servitude, c'étaient les perpétuelles agitations que la liberté de s'entre-détruire causait
dans la destinée de ses maîtres.

Sur les cinquante premiers doges que le peuple avait mis
à sa tête, cinq avaient été égorgés, un même nombre banni
avec les yeux crevés, et neuf autres condamnés à l'exil ou

déposés. On voit que la multitude avait usé du droit de détruire son ouvrage. Les doges ainsi massacrés ou chassés violemment du trône, n'avaient souvent commis d'autre crime que d'avoir été malheureux dans la conduite de la guerre : ainsi périt le doge Michieli. Sous son règne, la république s'était brouillée avec Manuel Comnène, empereur d'Orient, qui, renouvelant la vengeance de Mithridate sur les Romains, fit arrêter et enchaîner à la fois en un même jour tous les Vénitiens qui se trouvaient dans ses États. Leurs compatriotes irrités s'en prirent au chef de leur république. La peste, apportée à Venise par la flotte qui l'avait ramené d'Orient, fut mise au nombre de ses crimes. Poignardé par la multitude furieuse, il servit à attester au monde que la république se regardant faite pour la gloire et la puissance, ne croyait pouvoir subir aucun malheur, si ce n'est par l'imprévoyance ou la perfidie de ses chefs. Ce dernier événement entraîna un grand changement dans la constitution de l'État. Le seul corps investi alors d'une autorité qui durât, était un tribunal de justice criminelle, nommé la *Quarantie* à cause du nombre de ses membres. Ce tribunal osa prendre sur lui la révolution concertée entre les plus puissants citoyens. Il décida que le peuple n'élirait plus directement le doge, mais choisirait seulement onze citoyens qui feraient entre eux cette suprême élection. Aux comices populaires qui s'assemblaient pour décider des grandes affaires, il substitua un conseil général de quatre cent soixante-dix membres, élus par douze électeurs, lesquels étaient nommés par les six quartiers de Venise. Ainsi le peuple ne devait plus exercer d'autre droit que de choisir les onze électeurs du doge et les douze électeurs du conseil-général. Rassurés contre la multitude, les notables prirent leurs précautions contre le doge. On lui nomma un conseil privé : six magistrats furent commis au soin de le surveiller ; puis le conseil général, se reconnaissant gêné par le grand nombre de ses membres, fit sortir de son propre sein un sénat qui dut être toujours prêt à délibérer. Mais ce sénat pouvait à son tour franchir la borne de son autorité : on créa donc un peu plus tard trois magistrats qui, sous le nom d'*avogadors*, veillèrent au maintien de la constitution et au respect des limites qui resserraient chacun des corps de l'État. Ce n'est pas tout : après s'être défiés de tout le monde, les auteurs de ces changements se défièrent d'eux-mêmes. Craignant que leur génie eût fait défaut à leurs volontés, ils mirent en soupçon les institutions nouvelles, que cinq magistrats, nommés *correcteurs*, durent épier dans leurs effets, pour proposer, à chaque interrègne, les réformes nécessaires. Le véritable office de ces censeurs fut de prévoir les routes secrètes que pourrait encore se frayer l'ambition des doges vers une autorité trop durable ou trop étendue. C'est ainsi que, sur leur proposition, on interdit aux doges et à leurs enfants tout mariage avec des étrangers, dans la crainte que ces alliances ne rendissent trop indépendante et trop puissante dans l'État, la personne ou la famille de celui qui le gouvernait.

Les liens étroits sous lesquels pouvait à peine remuer le chef de l'État devaient l'amener à embrasser l'un de ces deux partis : servir les projets ambitieux des grands, pour partager avec eux le pouvoir suprême, ou se jeter dans les bras de la multitude, afin de briser avec elle le joug de la noblesse : on vit deux doges suivre tour à tour chacun de ces deux conseils. Mais le premier réussit à consommer, au profit de l'aristocratie, une révolution durable; c'était Pierre Gradenigo. Le second paya de sa vie les avances qu'il fit au peuple : on le nommait Marino Faliero.

Gradenigo, qui appartenait à la noblesse, était tout porté vers cet ordre par l'esprit de corps. Après quelques essais imaginés pour préparer les esprits, il abolit les lois qui rendaient le grand conseil électif, et, assura, en 1319, le droit perpétuel et héréditaire d'y siéger, aux membres du conseil actuel et à leurs descendants. De ce jour tous les citoyens furent divisés en deux classes : l'une noble, souveraine, privilégiée, faisant les lois, régissant l'état; l'autre commune, populaire, sujette, inhabile au maniement des affaires et à la direction du gouvernement.

Cette grande révolution était bien faite pour jeter la jalousie, la haine et l'indignation en quelques illustres familles qui, après avoir rempli les premiers emplois de la république, voyaient leurs noms exclus du livre d'or, image de cette loi nouvelle qui avait pour jamais mûré le patriciat.

Aussi ces hardies réformes, avant d'être consommées, furent menacées de ruine par les nobles qu'elles devaient rejeter dans l'ordre commun. Les Querini, dont l'origine remontait à la famille romaine des Sulpiciens ; les Badouer, qui comptaient sept doges parmi leurs aïeux ; les Tiepolo, dont la famille avait deux fois régné, et dont le dernier chef venait de refuser le trône : ces trois familles avaient assemblé leurs plaintes et leurs vengeances, et peu s'en fallut que le palais ducal ne fût forcé par leurs adhérents, le doge massacré, les réformes abolies, et l'ancien état de choses restauré. Le sang avait coulé sur la place Saint-Marc : mais la victoire demeura enfin au doge, et les lois nouvelles furent maintenues.

Les terreurs dans lesquelles vivait le nouveau gouvernement fit remettre à un conseil particulier la connaissance des crimes d'État. Composé de dix membres, n'ayant d'autre fonction que de veiller à la sûreté de la république, et par là soumettant à son gré tous les pouvoirs au sien, il devint non moins redoutable à ceux qui l'avaient établi qu'aux ennemis contre lesquels il les devait assurer. Créé d'abord pour dix jours, il rendit son existence perpétuelle comme la crainte, car personne n'osa plus demander qu'il fût aboli.

Au bout de deux siècles, ce conseil des Dix trouva moyen de se surpasser lui-même, en choisissant dans son sein trois commissaires qui, sous le nom d'inquisiteurs d'État, durent instruire les affaires qui demandaient le plus de vitesse et de mystère. Ces commissaires, nommés pour un temps et pour des secrets passagers, comme l'avait été le conseil des Dix, tournèrent aussi comme lui en magistrature perpétuelle; et de même que celui-ci avait surmonté le grand conseil qui l'avait institué, l'inquisition se rendit à son tour maîtresse du conseil des Dix d'où elle sortait.

Telle était la constitution d'État qui régit la république de Venise jusqu'à sa ruine. Elle était le fruit de la jalousie que les patriciens éprouvaient, soit les uns contre les autres, soit contre le doge et les populaires. Le grand conseil électif fut établi pour annuler l'intervention du peuple, le sénat et le conseil privé du doge pour restreindre l'autorité de ce prince, le grand conseil héréditaire pour ôter la souveraineté à une portion considérable de la noblesse, le conseil des Dix et l'inquisition d'État pour défendre contre les malintentionnés et les mécontents, les lois de l'État et la personne des patriciens.

L'inquisition d'état surveillait le conseil des Dix, celui-ci surveillait le grand conseil; le grand conseil le sénat; le sénat le conseil du doge; le conseil du doge le doge; le doge le reste de la nation. Ainsi le gouvernement de Venise res semblait à la nature qui se meut et ne change pas, et où les éléments font naître l'harmonie de leur combat même. La constitution demeurait stable et invincible, puisque les diverses classes opposées entre elles travaillaient, à cause de cette contrariété même, à la gloire et au salut de l'État. La crainte, la jalousie, la haine, l'orgueil, la servitude, la tyrannie, toutes les mauvaises passions, convenaient à soutenir la redoutable majesté des lois. La constitution, quand elle fut éprouvée par plusieurs siècles, parut d'autant plus respectable, qu'elle ne semblait plus appuyée par personne. L'individu s'accoutumait à être vaincu par la force mystérieuse de la société; et cette habitude établie dans les esprits, y surmontait, comme fait la religion même, l'inconstance naturelle à l'homme.

C'est donc par les côtés qui le recommandent le moins à la justice et à l'humanité, que le gouvernement de Venise fait reluire le mieux sa force et sa stabilité. Ainsi s'explique l'étonnante durée de cette puissante oligarchie qui subsista treize cents ans. Tandis que les gouvernements des autres républiques de l'Italie changeaient de forme au milieu d'interminables discordes, celui de Venise se corrigeait lui-même à travers les rares tentatives que firent les mécontents pour le renverser. Pise, Gênes, Florence ne trouvèrent souvent d'autre moyen, pour contenir les factions rivales, que de se mettre de plein gré sous les lois de l'étranger. Loin de là, Venise concentrait de plus en plus son administration aux mains de ses plus anciennes familles. On a vu que, pour s'ôter à eux-mêmes la fantaisie de changer leurs lois, les Vénitiens avaient institué au-dessus d'eux un pouvoir inflexible et mystérieux comme le destin lui-même. Ils n'avaient pas craint de sacrifier la liberté à la paix intérieure, et la sûreté même de leurs personnes à la durée de la constitution. Une

2

fois le conseil des Dix établi, il n'était plus en la puissance de la république de le détruire. Sa vigilance était trop prompte, sa dictature trop entière, la terreur qu'il inspirait trop énervante pour que la volonté de l'État contre lui eût jamais le temps de se déclarer. On peut dire, sans forcer la vérité, que le gouvernement de Venise se soutenait sans les Vénitiens.

L'inquisition disposait des prisons dites les puits et les plombs, tirait sur la caisse du conseil des Dix, sans rendre aucun compte, donnait des ordres à tous les gouverneurs de province et des colonies, à tous les généraux et ambassadeurs de la république. Sa forme de procéder était toujours secrète; ses membres ne portaient aucun signe extérieur; ses agents secrets étaient choisis tant dans l'ordre de la noblesse, que parmi les citadins populaires et religieux. Quatre de ces espions étaient attachés dans Venise, à l'insu les uns des autres, à la maison de chaque ambassadeur de tête couronnée; deux suivaient les pas de tout nouveau sénateur, et mettaient à l'épreuve son zèle et sa discrétion, en venant l'entretenir la nuit des affaires du temps, et en l'engageant par l'appât d'une récompense considérable. Le noble mécontent qui avait médit du gouvernement, était averti deux fois d'être plus circonspect; à la troisième, il recevait ordre de se condamner à la retraite; faute d'obéir, il était noyé comme incorrigible.

Ce terrible tribunal envoyait, sans miséricorde, sous les plombs, tout noble qui, dans ses discours, avait disputé de l'ancienneté des familles et classé les races patriciennes en maisons vieilles ou nouvelles. On voulait par là forcer à la discrétion la vanité ou l'envie, et prévenir des factions dans l'ordre des nobles. C'est en effet une des meilleures maximes dans les aristocraties, que celle qui y fait oublier

la date des familles, et y maintient les membres du corps
d'autant plus près les uns des autres, que le corps entier est
plus loin du reste des citoyens.

On pensait que l'honneur de chaque noble appartenait
moins à lui qu'à son ordre : aussi certaines fonctions lui
étaient interdites comme inégales à la dignité de son rang.

L'espionnage et le mensonge étaient les deux grands ressorts de la politique étrangère. Quand la république voulait
se remettre en bonne intelligence avec quelque prince
étranger, on faisait porter un faux avis à son ambassadeur :
ainsi avoit-on à se plaindre de l'Espagne, on tâchait d'in-
timider ce cabinet en lui faisant croire qu'on traitait d'une
ligue avec la France ; voyait-on un ministre d'État dans une
cour étrangère, mal disposé envers la république, on persua-
dait à cette cour que ce ministre venait de recevoir en
secret quelques libéralités de la république, et lui avait
promis de la servir, en se réservant de parler encore de
temps en temps contre elle, pour éviter de se rendre suspect. Ensuite tout ce que ce ministre conseillait de faire
contre Venise, dans l'intérêt de son pays, était regardé
par sa cour trompée, comme couvrant un jeu favorable à
la république ; et par là, celle-ci lui avait ôté le pouvoir de
nuire.

Dans un temps où la cour de Rome faisait la loi à tous
les rois et à toutes les puissances, l'oligarchie vénitienne
conçut d'autant plus de jalousie de l'autorité pontificale, que
celle-ci avait plus de ressemblance avec la sienne. Le saint-
office ne put s'établir à Venise que sous la surveillance du
sénat. Il n'eut donc rien de secret pour cette magistrature
politique qui voulait tout savoir et tout cacher. Les juifs et
les usuriers furent soustraits à la juridiction du saint tribunal, probablement parce qu'ils enrichissaient la république.

Il était interdit à tous les nobles de prendre du service à l'étranger. Devenus puissants hors de leur patrie et sans leur patrie, ils auraient pu l'être contre elle. En outre Venise, qui employait elle-même des étrangers au commandement militaire, avait besoin, pour ne pas les redouter, que ses principaux citoyens demeurassent. Une autre loi défendait à tout Vénitien de rien acquérir en terre ferme, afin que nul n'eût son trésor ni son amour ailleurs que dans la république.

Rien n'avait été oublié dans cette république pour rendre l'aristocratie digne du pouvoir. Quiconque avait contracté une dette pécuniaire envers l'État, demeurait, jusqu'à l'acquittement de cette obligation, inhabile à tout emploi public. Le malheur et le désordre suffisaient pour exclure un patricien de toute participation active à la souveraineté. Ce n'était pas d'ailleurs un méchant principe que celui qui privait de la gestion des affaires de l'État, l'homme qui n'avait pas su régler les siennes.

L'inégalité existait plutôt entre les classes qu'entre les individus. Toutes les fonctions étaient temporaires ; nul ne se maintenait assez longtemps dans un emploi pour avoir une puissance personnelle. Ce n'étaient point les magistrats qui opprimaient : c'étaient les magistratures. Le gouvernement était grand, fort, despotique ; les particuliers petits, faibles et tremblants, sans distinction, devant la loi. Ils ne pouvaient se donner une vraie et solide importance que par l'éclat des services qu'ils rendaient à l'État, en éclairant ses conseils de leurs lumières, ou en le faisant triompher dans la guerre. Là où le mérite et le succès donnaient seuls quelque relief à la personne, devait régner une prodigieuse émulation. La dureté ou l'ingratitude de la république envers ses grands citoyens, loin de décourager les âmes, les irritaient souvent jusqu'à l'héroïsme. Un prix offert à l'ambition est d'autant plus envié qu'il est plus rare. La manière dont la république traitait ses plus illustres défenseurs est assez visible au seul exemple de Charles Zeno. Celui qui, dans sa jeunesse, avait conquis l'île de Tenedos, plus tard soutenu, en face des Génois, l'honneur de la marine vénitienne, et mis le comble à sa renommée en sauvant la capitale réduite à la dernière extrémité ; ce héros, couvert de blessures, rassasié de gloire et d'années, trop élevé au-dessus de ses concitoyens pour qu'on lui permît d'être doge, fut traduit en jugement, à l'âge de soixante-douze ans, pour avoir accepté 400 ducats d'or d'un prince étranger. En vain Zeno fournit la preuve que la somme reçue n'était qu'un remboursement : il fut condamné, dépouillé de toutes ses dignités et jeté dans les fers. Mais cet inique jugement ne servait qu'à mieux rappeler les victoires qui avaient comparu avec lui devant le tribunal ; et n'y ayant plus d'honneurs publics qu'il n'eût obtenus, la jalousie et la haine lui gardaient le dernier triomphe qui, dans les républiques, achève la gloire des grands hommes.

Pour forcer le premier magistrat de la république à retenir constamment sous ses yeux les devoirs de sa charge, on le couronnait dans le palais ducal, sur le même escalier où le fer du bourreau avait abattu la tête du doge Marino Faliero, traître aux lois de l'État. On lui annonçait que son corps resterait, après sa mort, exposé en public, pendant que son administration serait soumise à un jugement solennel.

Telle était la défiance mutuelle des patriciens, que le commandement de l'armée de terre était toujours confié à un général étranger ; mais, pour s'assurer de la fidélité de celui-ci, on lui demandait souvent pour otages sa femme et ses enfants. Il lui suffisait d'être malheureux à la guerre pour être attiré à Venise, sous prétexte d'y rendre compte de son plan de campagne : jeté aussitôt dans les fers, il expiait quelquefois, par une mort secrète, un revers essuyé par la république.

Les entraves de toute nature apportées à l'autorité du doge, et la terrible police exercée contre tous les nobles, montraient au peuple qu'il n'y avait personne qui ne sentît le joug : l'égalité était rétablie par la tyrannie. Cette satisfaction donnée aux plébéiens, dans leur servitude, était une des causes qui rendaient sans doute les séditions si rares. On prenait soin de ménager la jalousie du peuple, en interdisant aux nobles le luxe et la magnificence. Des lois somptuaires avaient ce sage effet, car le peuple s'offense plus d'être pauvre qu'il ne s'irrite d'être esclave ; et plus l'autorité est grande au fond, moins elle doit s'étaler vainement au dehors. L'apparence de la familiarité était même imposée au premier magistrat de la république ; à un jour marqué, les pêcheurs devaient être reçus à sa table, et user du droit de le baiser tour à tour sur la joue. On peut ajouter que le peuple, sur la tête duquel la foudre passait sans le menacer, était traité avec une certaine douceur : ses premiers besoins étaient satisfaits ; il n'était soumis qu'à des impôts modérés ; la maxime suivie à son égard était : *Pane in piazza, giustizia in palazzo.* Le gouvernement prenait un soin tout particulier de ses amusements. L'art de distraire le gros des citoyens a toujours été le grand secret des gouvernements despotiques. Des fêtes religieuses, des cérémonies politiques, des tournois, des joûtes sur l'eau, de nombreux spectacles, occupaient les Vénitiens et leur faisaient oublier leurs chaînes. Mais l'une des choses qui leur faisaient peut-être supporter le mieux leur gouvernement, était la permission générale et perpétuelle de se masquer. A l'aide de cet usage, tous les rangs étaient confondus ; on se livrait au plaisir, sans contrainte et avec une sorte de fureur ; on se croyait libre, parce qu'on ne pouvait plus être reconnu. Un jésuite fut banni de Venise pour avoir prêché contre le carnaval. La passion des jeux de hasard était publiquement encouragée, parce que c'est celle qui, asservissant le mieux le cœur humain, pouvait *distraire d'une servitude par une autre*.

Il était réservé à cette singulière nation d'offrir la réunion de deux choses qui, ailleurs, ne se sont jamais vues ensemble : le patriotisme et la tyrannie. L'immobilité des lois produisait l'uniformité des habitudes. Les siècles s'écoulaient, sans rien changer aux mœurs ni aux coutumes ; les pères revivaient dans leurs fils ; Venise semblait n'être composée que d'une famille et n'avoir existé qu'un jour. Cette antiquité et cette suite dans les mêmes usages nourrissaient dans les Vénitiens l'amour et le respect de leur patrie. Sa gloire et sa puissance les rendaient fiers de lui appartenir. Son origine, son gouvernement, ses maximes, sa situation au milieu de ses lagunes sur lesquelles glissaient des milliers de gondoles tendues de noir, sa population silencieuse et presque invisible, tout en elle paraissait extraordinaire et inimitable. Cette singularité même, puissante sur le cœur de l'homme, formait un nœud entre des citoyens qui n'étaient semblables que les uns aux autres.

Au reste, les peuples commerçants se distinguent généralement par cet amour de la patrie. Bien qu'ils soient errants dans le monde à la poursuite du gain, ils ont toujours les yeux tournés vers le lieu où sont déposées leurs richesses, et où ils espèrent goûter les fruits de leur industrie. L'intérêt de chaque particulier se trouve lié à celui de l'État, dont les secousses nuiraient au commerce. A Venise, tout le monde se livrait au négoce : en vain les lois avaient voulu l'interdire aux patriciens; le besoin de s'enrichir, dans un pays où la noblesse n'avait d'autre origine que le travail, prévalut toujours.

L'orgueil national et le soin de tout rapporter aux intérêts de la république étaient manifestes dans ces terribles statuts de l'inquisition, qui *condamnaient à mort tout prêtre* assez mauvais citoyen pour défendre les injustes prétentions de la cour de Rome, et tout ouvrier, appartenant à la marine ou à l'industrie, qui aurait porté dans un pays étranger les secrets procédés de son art.

Un autre avantage particulier à la forme de ce gouvernement, c'est que l'autorité y remuait par tant de ressorts et de contrepoids, qu'elle ne pouvait non plus tomber aux mains d'un seul que de la multitude. C'était la tyrannie, mais une tyrannie mixte; tous les pouvoirs y étaient despotes, c'est pourquoi tous y étaient esclaves; d'où il suit qu'aucun ne pouvait seul parvenir à l'extrême despotisme, ni glisser dans l'entière servitude. La situation géographique de Venise eut une grande influence sur la durée de ses institutions. Faute de territoire, la féodalité n'avait pu s'y établir : ainsi point de fiefs, de seigneurs, de vassaux, et par là impossibilité aux princes ou aux grands de violer par les armes la liberté commune. Nul ne concentrant la puissance dans sa personne, on ne pouvait changer l'État par un coup de main. Pour qu'une conjuration eût réussi, il aurait fallu que la moitié des magistrats s'armât contre l'autre.

Une adroite maxime de ce gouvernement était celle qui favorisait les mariages des nobles avec des filles de plébéiens; par là le commun peuple était flatté dans son abaissement, en même temps que les richesses qui l'auraient fait dangereux, étaient emportées vers la classe régnante. Pour garder intact le droit de naissance et le respect dû aux gouvernants, une loi fermait l'entrée du grand conseil aux enfants illégitimes.

Je remarque une invention digne du moyen âge et du génie de cette soupçonneuse oligarchie. Afin de préserver la république contre les intrigues des puissances étrangères, un statut de l'inquisition autorisait le patricien à faire justice, par le poignard, de quiconque s'insinuerait vers lui pour chercher à le corrompre. C'était l'avertissement donné aux nobles eux-mêmes qu'ils pourraient bien aussi être poignardés, s'ils vendaient les secrets de l'État.

Des bouches de bronze, ouvertes dans tous les quartiers de Venise, tentaient les vengeances particulières en recevant les dénonciations; une partie des citoyens surveillait l'autre. Les frais annuels de police montaient à 200,000 ducats. Les arrestations étaient nocturnes et secrètes comme les exécutions. En d'autres pays, on a voulu inspirer une terreur salutaire en montrant l'échafaud. A Venise, en le cachant, on croyait mieux aller au but. En effet, la soudaine disparition d'un homme trouble l'imagination de ceux qui le cherchent; ils se demandent s'il est mort et comment, et ce doute même les effraie bien plus que s'ils l'avaient vu périr. Le soin de découvrir et de punir les délits, l'attention perpétuelle à ne pas se rendre suspect, étaient, dans cette république, la grande occupation du gouvernement et du peuple. Comme tous les esprits devaient être mis en travail, les uns par la vigilance, les autres par la crainte ! La nature humaine est si active que, peut-être, ce tourment était mêlé de quelque plaisir. L'ennui était inconnu dans cette ville pleine de choses mystérieuses et imprévues, et je ne sais si le peuple vénitien ne savait pas bon gré à son gouvernement de le distraire, même en le faisant trembler.

Rien ne donne une plus frappante idée du secret qui enveloppait les procédés du gouvernement, que l'incertitude qui force encore les historiens à se partager sur la nature et les auteurs de la fameuse conjuration attribuée, en 1618, aux intrigues de l'Espagne. Quelques étrangers pendus publiquement sur la place Saint-Marc, un bruit vague d'arrestations et de supplices nocturnes, des entretiens à voix basse sur une conjuration étouffée par le conseil des Dix, des prières publiques ordonnées par le sénat, voilà tout ce qui parut, au dehors, de cette terrible affaire. C'est ainsi que, dans un monastère, un frère n'est instruit des malheurs qui ont frappé sa famille, que par un vague avertissement donné à toute la communauté.

J'admire qu'il ne se rencontre pas dans l'histoire de Venise un seul exemple de guerre civile. Indépendamment de la bonne police qui éteignait chaque étincelle, et de leur passion pour le commerce, qui jetait au dehors leurs plus vives ardeurs, je trouve, pour ce fait singulier et unique dans les annales des républiques, une troisième cause qui ne me semble pas la moins forte. Les guerres intestines naissent de sociétés entre les mécontents. Pour conspirer, prendre les armes et combattre ses adversaires, il faut un espace suffisant : la fureur des partis s'excite de proche en proche, et là où la configuration du terrain rend les communications difficiles et met un invincible obstacle aux rassemblements tumultueux, les grandes luttes entre citoyens manquent de champ de bataille. Tel était le cas pour Venise morcelée en nombreux îlots, coupée par des lagunes, et forçant la discorde, qui aurait divisé les esprits, à diviser infiniment le combat.

Lorsque l'imprimerie fut découverte, l'État de Venise subsistait depuis dix siècles. Une si vieille et si savante autorité prit ses précautions contre un danger qu'elle dut prévoir avant de le connaître. Cependant l'imprimerie, considérée d'abord comme un art lucratif et une branche de commerce, reçut à Venise de grands encouragements. Les lettres et les arts étaient loin d'y être méprisés; on leur permettait d'ajouter à la splendeur de la république. Un historiographe était chargé de rédiger les annales de Venise; mais c'était l'aristocratie qui lui faisait raconter sa propre histoire : aussi, cette charge fut toujours remplie par un patricien.

Mais voyons les Vénitiens à l'œuvre dans toutes leurs guerres, et remontons, pour interroger leur ambitieuse politique, à la fondation de leur puissance.

La plus utile de leurs conquêtes devait être celle d'un territoire qui leur procurât les premières satisfactions de la vie, le blé, le vin, l'huile, le bétail, le lin, le chanvre et le bois. Ce territoire n'était pas loin, puisqu'ils le voyaient dans la côte orientale du golfe. Les peuples qui l'habitaient, ayant imploré contre les pirates de Narenta le secours de la république, celle-ci les protége avec tant de zèle, qu'elle finit par les mettre tout à fait à couvert sous sa domination ; ainsi elle devient maîtresse de l'Istrie et de la Dalmatie. Ceci se passait sous le règne du doge Urseolo. La plus grande place où trafiquât Venise était Constantinople ; c'était donc dans cet empire qu'il lui importait le plus d'avoir son franc commerce. Sa réputation belliqueuse lui valut cette immunité dans l'étendue de l'empire. En récompense d'une faveur aussi signalée, la république porte secours à l'empereur de Constantinople contre les Normands qui, maîtres de l'Italie méridionale, faisaient irruption dans ses États. Ce service est suivi d'une nouvelle grâce de l'empereur qui, dans tous ses ports, met sur le même pied les citoyens de la république avec les sujets de l'empire.

Attentifs au déclin de l'État grec, ils s'associèrent à la première croisade dans l'espoir d'avoir leur part aux fruits de cette invasion pieuse. Baudouin, assis après Godefroy sur le trône de Jérusalem, reconnut leurs services en leur cédant la propriété d'une partie de la ville de Ptolémaïs, en accordant toute franchise à leur commerce dans le royaume de Jérusalem, et le privilége de n'y avoir d'autres juges que leurs propres magistrats.

Il est vrai que leurs rivaux de commerce en Europe et en Asie, les Pisans et les Génois, obtinrent aussi, les uns un quartier dans Antioche et le patriarcat de Jérusalem, les autres des comptoirs à Jérusalem et des franchises dans les principales villes de Syrie : ce qui fut la source de grandes jalousies qui tournèrent en implacables guerres, et causèrent la ruine de Pise et de Gènes.

Lorsque plus tard les croisés, consternés des revers qu'ils essuyaient en Syrie, voulurent comme forcer la sagesse divine à leur tracer un plan de campagne, et qu'ayant jeté dans une urne les noms de plusieurs villes à assiéger, ils en virent s'échapper celui de Tyr, les Vénitiens consentirent à les aider au siége de cette place, à la condition que, la ville prise, ils auraient le tiers de son territoire, et que les marchandises qu'ils transporteraient en Asie y jouiraient de l'entière et universelle franchise. Tyr capitula, et le prix stipulé fut livré aux Vénitiens.

Un secours fourni à propos à l'empereur grec contre Roger, roi de Sicile, leur valut un droit d'entrée dans les îles de Chypre et de Candie, dont jusque là les ports leur étaient demeurés fermés. Roger s'estima trop heureux d'acheter la paix par de grandes faveurs qu'il ouvrit à leur commerce dans son royaume dévasté.

En 1159, la chrétienté, un moment incertaine où reconnaître le légitime successeur de saint Pierre, se divisa entre Victor IV et Alexandre III. La république de Venise fut assez bien inspirée pour démêler le droit et distinguer celle des deux élections qui portait le sceau des volontés non interrompues de la Providence sur son Église. Ils se décidèrent pour Alexandre III, le plus humble, le plus faible, le plus dénué aux yeux du monde, mais par cela même déjà revêtu des signes de la vérité. Il faut dire à leur louange qu'une fois portés vers une cause, ils ne se relâchaient plus en rien, dans leur zèle, qu'elle n'eût triomphé avec eux. Tel est le propre de cette constance qu'on ne manque jamais de trouver au caractère des grands peuples, et qui n'est pas moins le meilleur fonds de leur génie que la principale cause de leur fortune. L'empereur Frédéric s'était déclaré contre Alexandre III ; ils n'hésitèrent pas à lui faire la guerre, et quand ce pape malheureux, méconnu, abandonné de tous, ne sut où reposer sa tête, la république se montra fière de lui donner asile, et lui fit bénir l'épée dont son doge s'armait pour le défendre. Avouons que cette fidélité sut se ménager une récompense. Ils avaient réduit l'empereur repentant et humilié à venir chez eux baiser les pieds du pape, comme ceux mêmes de Pierre, et, pour marquer sa gratitude, le vicaire de Dieu sur la terre institua cette fameuse cérémonie dans laquelle leur souverain jetait, tous les ans, un anneau nuptial dans l'Adriatique, pour rappeler que cette mer devait être soumise au doge, comme l'épouse l'est à l'époux.

Entre toutes leurs guerres, la plus profitable fut la quatrième croisade, qui aboutit à la prise et au pillage de Constantinople et au partage de l'empire grec. Avec cette confiance naturelle à des hommes persuadés que

Dieu combat pour eux, les croisés, avant de posséder
cet empire, se l'étaient partagé. Pour exécuter le traité,
il fallait commencer par vaincre. Engagés à la conquête
par un devoir mutuel, chacun, en payant de son courage, ne faisait que s'acquitter envers les autres. Les Vénitiens ne restèrent pas en arrière dans le combat ni au
partage du butin. Ce fut eux qui donnèrent le plan d'at-
taque, investirent les abords de la ville, et jetèrent des
ponts dans les tours qui en faisaient la défense. Un des
leurs monta le second à l'assaut, sur les traces d'un Français qui planta sur les remparts l'étendard de la croix. On
estime à 400,000 marcs la valeur de leur part au pillage
général de la ville : de plus, ils obtinrent sur la masse du
butin mis en réserve, 150,000 marcs. Aux termes du traité
qui avait réglé le partage avant la conquête, ils reçurent les
trois huitièmes de l'empire d'Orient. Dans cette large portion fut compris le quart de Constantinople. Aussi, devenu
souverain de plusieurs millions de nouveaux sujets, leur
Doge se crut-il fondé à revêtir quelques-unes des marques
de la dignité impériale, et à s'intituler seigneur du quart
et demi de l'empire romain.

Guidés par l'esprit de commerce qui fait toujours re-
garder le même objet, et qui tient lieu d'une sûre et
constante politique, ils ne se firent donner que des villes ma-
ritimes, et principalement situées le long de la Méditerranée, depuis leur golfe jusqu'au Bosphore. L'île de Candie
n'ayant pas été comprise dans leur lot, ils la rachetèrent du
marquis de Montferrat, pour 10,000 marcs d'argent. Mais
ce n'était rien que posséder ces ports nombreux, il fallait les
occuper et en jouir. Plusieurs d'entre ces provinces n'étaient
pas même soumises : le gouvernement vénitien les accorda en
fiefs à ceux de ses citoyens qui réussiraient à s'en emparer et à

s'y maintenir. C'était épargner le trésor de l'Etat, occuper l'ambition des plus puissants citoyens, éloigner les esprits inquiets, exercer les grands courages, et faire servir à la puissance commune l'intérêt et la passion.

La politique vénitienne suivait souvent de très-près les traces de la romaine. On la voit recourir, sans scrupule, au perfide emploi des alliances pour endormir la vigilance de ceux qu'elle menace, et pratiquer l'art de promettre afin de trahir, de protéger pour diviser, et de rompre dès que l'heure de vaincre est arrivée. Désirant ruiner un assez dangereux voisin, François Carrare, seigneur de Padoue, Venise parvint à le brouiller avec Léopold, duc d'Autriche, en cédant à ce dernier la province de Trévise : elle jeta aussi des défiances entre François Carrare et le seigneur de Vérone, puis entre ce même seigneur de Padoue et Galéas Visconti qui s'était emparé de la principauté de Milan. Ensuite elle leur accorda, tour à tour, un semblant de protection et d'amitié, de manière à mieux enflammer leurs jalousies chagrines. Une guerre allumée entre eux conduisit la république à ses fins : la ruine de François Carrare fut consommée, et les Vénitiens commencèrent par diviser ses dépouilles avec le duc de Milan. C'est ainsi qu'ils se rendirent maîtres de Trévise, Corfou, Durazzo, Alessio, Argos et Naples de Romanie. Il leur restait à affaiblir le duc de Milan : pour cela ils relevèrent le courage du seigneur de Padoue, et lui laissèrent reprendre sa ville par une surprise nocturne. Peu à peu il recouvra des forces plus qu'ils ne voulaient, et forma une ligue avec quelques petits princes contre la duchesse de Milan, veuve de Galéas Visconti, et régente de ce duché. Cette princesse vint à son tour implorer l'appui de Venise, qui consentit à la soutenir contre François Carrare, moyennant la cession de Vicence, Feltre et Bellune. Enfin les Vénitiens assiégent Padoue, défendue par son seigneur avec un sublime courage ; ils prennent cette ville d'assaut, l'incorporent à leurs domaines, et font périr juridiquement François Carrare, trop digne, à leurs yeux, d'admiration, pour ne pas l'être de la mort.

Plus tard Venise se fait céder Corinthe par le prince de Morée qu'elle a défendu contre les Turcs ; et elle arrache au patriarche d'Aquilée et au roi de Hongrie, ligués contre la république, le Frioul et d'autres places qui achèvent de la faire régner sans partage sur les rivages du golfe , depuis l'embouchure du Pô jusqu'à Corfou. Ambitieuse de conquérir plus de terre ferme sur le continent, elle s'y brouille avec le duc de Milan , et, par la prise des provinces de Brescia et de Bergame , s'étend jusqu'à la rive gauche de l'Adda ; elle pousse de ce côté : on la voit successivement acquérir les villes de Lonato , Valeggio et Peschiera, dans le marquisat de Mantoue, s'emparer de l'Etat de Ravennes, se faire céder la province de Crème ; enfin elle se retourne vers l'archipel , ajoute au domaine de la république le royaume de Chypre et les îles de Véglia et de Zante.

Les Génois avaient été les implacables ennemis des Vénitiens, aussitôt que la jalousie du commerce s'était allumée entre ces deux peuples qui se disputaient le transport des marchandises d'Asie en Europe. Ce fut vers le milieu du treizième siècle que commença leur guerre maritime dont les premières fureurs étonnèrent les infidèles eux-mêmes, en Terre-Sainte. Les Génois perdirent, coup sur coup, cinq batailles navales. Les deux peuples se battaient, dans la Méditerranée, en vrais corsaires. Les Vénitiens, plus politiques que leurs rivaux, s'étaient alliés avec les Pisans : il y eut toutefois un moment où Gênes faillit prévaloir. Après avoir brûlé ou détruit deux flottes à sa rivale, elle bloqua le port même de Venise, qui ne fut sauvée que par le génie et le courage de Charles Zeno. Ce grand homme ne se borna pas à sauver sa patrie : il eut la gloire de la faire prévaloir contre Gènes. Un dernier combat eut lieu au commencement du quinzième siècle, devant l'île de Sapienza, sur les côtes de Morée. La paix suivit la victoire qu'y remporta Venise; et Gènes, déchirée par des troubles intestins, dut céder à sa rivale l'empire de la mer.

L'événement qui sert le mieux à apprécier le degré de puissance qu'avait atteint la république, au commencement du dix-septième siècle, est la résistance victorieuse qu'elle opposa à la ligue dite de Cambrai, formée contre elle par le pape, l'empereur, le roi de France et les rois d'Aragon et de Naples : c'était une conjuration de têtes couronnées. Le pape avait secrètement proposé aux Vénitiens de se détacher de la ligue, s'ils voulaient lui restituer les places de Faenza et de Rimini, conquises sur les États de l'Église. Ils eurent l'audace de rejeter cette proposition, fidèles à cette maxime digne du sénat romain : que Venise ne devait jamais se dessaisir, pour prévenir une guerre, de ce que la guerre lui avait donné. Rien ne montra mieux leur constance et leur foi dans la fortune de leur république, que leur conduite après qu'ils eurent perdu la bataille d'Agnadel. L'armée du pape campait à Ravennes: les Allemands étaient maîtres du Frioul, et Louis XII établi à Fusine d'où il pouvait canonner leur capitale. Ils furent, dans cette conjoncture, ce qu'ils avaient été deux siècles auparavant, en face de cette autre ligue, non moins redoutable, qui amena la flotte génoise dans les lagunes : ils félicitèrent leur général vaincu de n'avoir pas désespéré de Venise, mirent leurs richesses à la disposition du trésor public, et eurent l'extrême sagesse de renoncer à leurs États de terre ferme, avant que ces provinces fussent envahies. Guicciardini blâme vivement la république de cette résolution qu'il regarde comme l'oubli de son courage et de sa gloire : mais n'est-il pas permis de s'écarter de l'opinion de ce grand historien? En déliant de leur serment de fidélité ses sujets de terre ferme, la république s'épargnait l'humiliation de voir ceux-ci le rompre d'eux-mêmes ; en cessant de régner sur eux, elle prévenait la honte d'être vaincue de nouveau dans leurs personnes : enfin cette mesure lui permettait de rappeler les garnisons qu'elle tenait en terre-ferme. Guicciardini ne fait-il pas lui-même le meilleur éloge de la politique du sénat vénitien?

« Le sénat saisit encore avec empressement une autre « raison : ce fut de se persuader que, si jamais la fortune re- « devenait favorable à la république, elle rentrerait facile- « ment dans un domaine qu'elle aurait abandonné, suppo- « sant que, dans ce cas, ces provinces, n'ayant rien à craindre « de son ressentiment, reviendraient à elle plus volon- « tiers (1). »

L'événement justifia cette prévoyance ; car les États de terre ferme, occupés par les Allemands qui les pillaient et les vexaient de toute manière, ne tardèrent pas à regretter leurs anciens maîtres. Instruits de ces dispositions, les Vénitiens reprirent possession, par un coup de main, de Trévise et de Padoue ; leur politique fit le reste : ils annoncèrent que celles de leurs provinces qui rentreraient sous leurs lois seraient indemnisées de tous les effets de la guerre. L'empereur voulut en vain leur arracher Padoue, qui soutint avec un merveilleux courage l'un des plus mémorables siéges. La ligue ne tarda pas à se dissoudre, et les Vénitiens furent assez habiles pour en faire une à leur tour avec le

(1) Histoire d'Italie, liv. VIII, chap. II.

pape, les Suisses et le roi d'Aragon contre les Français qui perdirent presque toute l'Italie.

A dater de cette époque, Venise ne fera plus que décliner.

Déjà des événements plus forts que la prudence de la république avaient changé les routes du commerce général ; sa politique va juger les affaires d'un œil moins assuré ; une corruption intérieure minera les ressorts de son gouvernement ; le sceptre des mers échappera de ses mains : mais cet illustre empire ne descend pas sans majesté ; il médite sur sa propre ruine, et emploie deux siècles à exhaler les restes de son génie.

L'établissement des Turcs à Constantinople fit perdre à la république tous les avantages dont elle jouissait sur les marchés du Levant. La découverte de l'Amérique, en versant sur l'Europe les productions du Nouveau-Monde, enleva aux Vénitiens le monopole du commerce des riches métaux, des bois de teinture et des substances médicinales. La découverte d'un passage aux Indes par le cap de Bonne-Espérance, transporta aux mains des Portugais le privilége d'approvisionner l'Europe de toutes les denrées de l'Asie. Les Vénitiens crurent protéger leur commerce par des lois sévères. Il fut défendu aux étrangers d'acheter des vaisseaux ou d'en faire construire dans les ports de la république, de faire société avec les nationaux, de fournir directement aucune marchandise aux possessions vénitiennes en terre ferme, et de traiter avec les sujets de la république, ailleurs que dans Venise même. Ce fut surtout contre toutes marchandises qui pouvaient concourir avec l'industrie nationale que la dureté de leurs douanes devint excessive : aussi leurs manufactures furent-elles peu à peu réduites à la consommation intérieure ; l'émulation s'éteignit dans leurs fabri-

cants; et, ne faisant plus aucun progrès, leur industrie céda
peu à peu. Plus tard , se jetant vers l'autre extrémité, ils
établirent la franchise du port de Venise; puis, sans at-
tendre que ce changement eût porté ses effets, ils revinrent
à leur vieux système.

En même temps, plus les affaires de la république empi-
raient, plus son gouvernement redoublait de précautions
pour maintenir au dedans ses lois inviolables. Leur usage
de gouverner par mystère s'appliqua aux entreprises du
commerce. On résolut de repousser toute innovation dans
l'industrie comme dans les lois. La source des richesses
de l'État se tarissant peu à peu, les nobles prirent les
douanes à ferme, et introduisirent un despotisme cupide
dans cette partie de la législation. La décadence de leur
commerce amena celle de leur marine; ils se relâchèrent
dans le travail nécessaire pour rendre leurs lagunes
accessibles aux vaisseaux, et leurs ports s'engorgèrent
de sable. Voici d'ailleurs une cause naturelle de la décadence de leur marine : pour amener leurs navires de
leur arsenal jusqu'à la mer, les Vénitiens avaient toujours été obligés de leur donner une forme particulière;
et lorsque la découverte de l'Amérique occasionna une révolution dans l'architecture navale, les galères de la république furent peu de chose auprès de ces grands bâtiments
qui voguaient sur l'Océan, sans qu'il fût au pouvoir des Vénitiens de surmonter un obstacle que la nature rendait
invincible.

Le gouvernement de Venise avait été admirable pour re-
médier aux excès de la puissance nationale, et garantir
l'État contre les ambitions particulières; mais, quand la république pencha vers son déclin et que ses richesses dimi-
nuèrent, ses institutions, n'ayant plus à tempérer la force,

furent une cause d'épuisement, comme ces remèdes trop actifs qui, excellents pour le corps en sa vigueur, sont mortels s'il est languissant. Au lieu de retrancher l'abus de la liberté, ces lois inflexibles en supprimèrent l'usage même. La noblesse cessa de se rendre illustre et devint odieuse ; les simples citoyens, en perdant leurs richesses, sentirent leur dégradation ; tout ce qui avait été utile pour fonder et maintenir la grandeur de la république, n'était plus d'usage pour prévenir ou retarder sa ruine. Le mauvais état des finances fit mettre les magistratures à l'encan.

Après avoir longtemps servi de lien entre l'Orient et l'Occident, Venise eut à soutenir le poids de ces deux grands empires. Sa situation dans le golfe Adriatique qui lui avait valu, grâce au commerce, le nom de Venise la *dominante*, fut cause que pressée à la fois par les Turcs et la maison d'Autriche, elle ne fut plus un jour que Venise *l'humiliée*. Une fois que les Vénitiens eurent à faire la guerre sur le continent, leur coutume de n'employer que des mercenaires pour soldats, et des étrangers pour généraux, devait leur être funeste. Leur grande faute, dans le malheur, fut de ne pas vouloir changer de maxime : toute discipline qui cesse de servir à la grandeur d'un État lui est bientôt une cause de ruine. Venise ne sut jamais dans ses conquêtes imiter Rome : elle voulait avoir des sujets, sans augmenter le nombre de ses citoyens.

C'est pendant la guerre de Candie que les Vénitiens perdirent le commerce du Levant dans lequel ils furent supplantés par les Français. Leur anneau nuptial cessa de tomber dans l'Adriatique, le jour où l'empereur d'Autriche Charles VI leur contesta le droit d'y entretenir seuls des bâtiments de guerre, et fit de Trieste un établissement de marine. Depuis cette époque, Venise se fait oublier en Europe et ne compte plus dans le système politique du monde. On eût dit qu'elle cherchait à envelopper ses derniers moments de ce silence et de ce mystère qui avaient couvert jadis les ressorts de sa grandeur. Tel était l'humiliant sommeil de cette orgueilleuse république, qu'elle aima mieux payer tribut aux pirates de la barbarie, que réprimer leurs insolences.

De même qu'aux approches de la mort, tous les organes du corps semblent se déconcerter et marquer une dissolution prochaine, la dernière heure de ce vieil État s'annonça par la lutte intestine de tous les pouvoirs qui, n'ayant plus de grandes affaires à traiter, disputaient du règlement de leurs attributions. En même temps, la corruption des mœurs achevait de rendre Venise indigne de pitié : son ancienne politique avait encouragé cette licence, ses patriciens ayant cru acheter la facilité de bien diriger les affaires au prix de celle qu'ils laissaient aux particuliers de se mal conduire. La gloire et la sûreté de la république servaient de prétexte à cette honteuse tolérance ; mais aujourd'hui, on ne voyait plus que le mal qui, sans justification, était aussi sans remède.

Venise garda la neutralité au milieu de toutes les guerres de l'Europe, sous la protection d'un dédain universel. Le lugubre silence de son arsenal et de ses ports y témoignait de la cessation de tout travail ; des constructions inachevées étaient livrées à la pourriture dans ses bassins ; on n'entendait d'autre bruit que celui des pierres détachées de monuments publics et de palais superbes qu'on laissait crouler ; et, pour se rappeler ce qu'avait été Venise, il fallait chercher sa grandeur dans ses ruines.

La révolution française livra ce timide gouvernement en proie à la plus terrible perplexité. Bien que s'étant déclaré neutre, en 1791, durant la guerre générale, il avait été obligé de livrer passage, sur son territoire, aux troupes autrichiennes qui marchaient sur Milan ; après avoir refusé de reconnaître la république française, on le vit, corrigé au bruit de nos victoires, recevoir un envoyé de la nouvelle république. Impitoyable par crainte, il chassa de son territoire , sur un signe que lui fit la France, le frère aîné de Louis XVI qui fit à Venise ce noble adieu : « Je pars, mais j'exige qu'on me présente le livre d'or, pour que j'en efface le nom de ma famille. »

Dans la guerre entre l'Autriche et la France, les Vénitiens épiaient la fortune pour se jeter aux pieds du vainqueur ; trompés dans leur lâche prudence, et ayant embrassé trop tôt les genoux de l'empereur, il leur fallut s'humilier devant le général Buonaparte pour qui le sort des armes s'était déclaré ; mais lorsqu'ils implorèrent sa pitié en faveur d'un gouvernement qui se reconnaissait sans défense, le vainqueur de l'Italie leur fit comprendre que leur prodigieux abaissement, loin de sauver un empire qui avait duré treize siècles, était le meilleur signe de sa fin irrévocable.

Le traité de Campo-Formio mit fin à l'existence de cette célèbre république, qui devint plus tard une simple province de l'empire d'Autriche.

FIN.